¡En peligro!

Lectura y comprensión de gráficas

Dawn McMillan

Créditos de publicación

Editor
Peter Pulido

Editora asistente
Katie Das

Directora editorial
Emily R. Smith, M.A.Ed.

Redactora gerente
Sharon Coan, M.S.Ed.

Directora creativa
Lee Aucoin

Editora comercial
Rachelle Cracchiolo, M.S.Ed.

Créditos de imágenes

La autora y el editor desean agradecer y dar crédito y reconocimiento a los siguientes por haber dado permiso para reproducir material con derecho de autor: portada Big Stock Photo; p.1 Photolibrary.com/Thomas & Pat Leeson; p.4 Photos.com; p.4–5 Photos.com; p.6–7 Photos.com; p.10–11 Big Stock Photo; p.12 Photos.com; p.14 Arthur A. Allen/Cornel Lab of Ornithology; p.16–17 Nature Picture Library/Mark Carwardine; p.18–19 Photolibrary.com/Thomas & Pat Leeson; p.20–21 Nature Picture Library/Mark Carwardine; p.22–23 Nature Picture Library/Doug Perrine; p.24–25 Nature Picture Library/Mike Read; p.26 Getty Images/Arthur Tilley; p.27 Big Stock Photo; p.29 Big Stock Photo

Ilustración en p.8–9 por Colby Heppéll.

Aunque se ha tomado mucho cuidado en identificar y reconocer el derecho de autor, los editores se disculpan por cualquier apropiación indebida cuando no se haya podido identificar el derecho de autor. Estarían dispuestos a llegar a un acuerdo aceptable con el propietario correcto en cada caso.

Teacher Created Materials

5301 Oceanus Drive
Huntington Beach, CA 92649-1030
http://www.tcmpub.com
ISBN 978-1-4333-0508-5
© 2009 Teacher Created Materials
Printed in China
YiCai.032019.CA201901471

Contenido

¡En peligro!

Muchos animales y plantas están **en peligro** de extinción. Muchos otros desaparecen cada año. Eso es debido a los cambios en algunos de los lugares donde viven. Y algunos animales son cazados o pescados en exceso.

Los tigres están en peligro

¡Extinguidos!

Los animales **extinguidos** ya no viven en la Tierra. Esto significa que ya no hay esa especie de animales en el mundo.

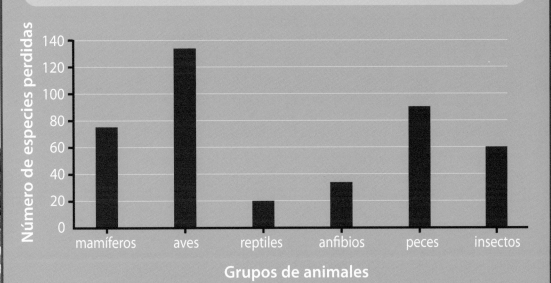

Grupos de animales que perdieron especies en el 2004

Exploremos las matemáticas

Usa la gráfica de barras para responder a las preguntas.

a. ¿Qué grupo de animales perdió la mayor cantidad de especies en el 2004?

b. ¿Qué grupo de animales perdió la menor cantidad?

c. ¿Qué grupo sufrió la extinción de 60 especies en el 2004?

Los hábitats

Los hábitats son los lugares donde viven los animales o las plantas. Los osos polares viven en hábitats muy fríos. Los zorros fenecos viven en hábitats de desiertos muy calientes.

Los animales pueden llegar a ser especies en peligro de **extinción** o extinguidas si sus hábitats son dañados. Los animales pueden quedarse sin alimentos. Es posible que no se puedan trasladar a otros hábitats.

Los osos polares viven en el Ártico. Pasan gran parte del tiempo en el mar congelado. Están en mayor peligro de extinción porque su hábitat está cambiando. El mar congelado se está derritiendo.

En peligro

Los animales en peligro corren el riesgo de extinguirse. También se les conoce como animales **amenazados**.

Número de grupos de animales amenazados

Grupo de animales	2000	2002	2004	2006
Mamíferos	1,130	1,137	1,101	1,093
Aves	1,183	1,192	1,203	1,206
Reptiles	296	293	304	341
Anfibios	146	157	1,770	1,811
Peces	752	742	800	1,173
Insectos	555	557	559	623

Exploremos las matemáticas

Usa la tabla anterior para responder a estas preguntas.

a. ¿Qué grupo de animales estuvo en menos peligro en el 2006 que en el 2000?

b. ¿Por qué piensas que ha aumentado el número de anfibios?

La cadena alimentaria

Los animales y plantas de un hábitat forman parte de una red de alimentos. Un cambio en sólo parte de la red de alimentos puede ponerlos en peligro o extinguirlos.

En esta cadena alimentaria, el bacalao del Ártico se come plancton. Las aves árticas, focas, ballenas asesinas (orcas) y osos polares se comen el bacalao. Los osos polares y las ballenas asesinas se comen las focas. Cada "lazo" en la cadena es alimento para el siguiente lazo. ¿Qué sucedería si el bacalao del Ártico se extinguiera?

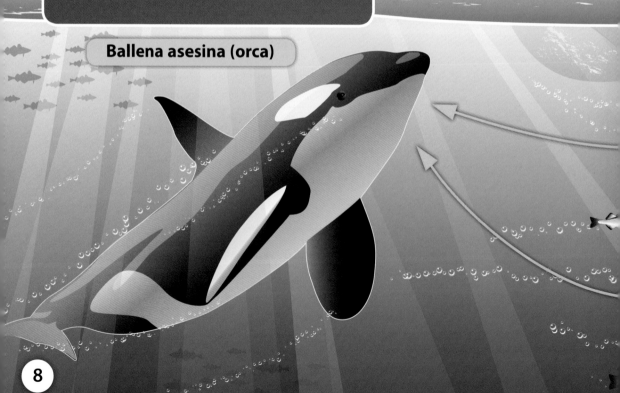

Ballena asesina (orca)

Golondrina del Ártico

Oso polar

Foca

Plancton

Bacalao del Ártico

Los hábitats forestales

Algunos hábitats forestales están siendo **destruidos**. Los granjeros talan los árboles para sembrar su cosecha. Los madereros aclaran partes del bosque talando los árboles.

Plantas preciosas

Los científicos pronostican que en los próximos 50 años ¼ de las plantas del mundo podría desaparecer. Si estas plantas desaparecieran, también desaparecerían miles de especies de animales que dependen de ellas para alimentarse.

Los científicos creen que el mundo ha perdido ⅔ partes de sus bosques.

La gráfica de círculo muestra la cantidad de los bosques destruidos y la cantidad de los bosques que aún quedan.

Bosques que quedan $\frac{1}{3}$

Bosques destruidos $\frac{2}{3}$

Exploremos las matemáticas

El bosque Woodsville fue talado durante 5 años. La gráfica de barras siguiente muestra el tipo y número de árboles que quedan al final de los 5 años.

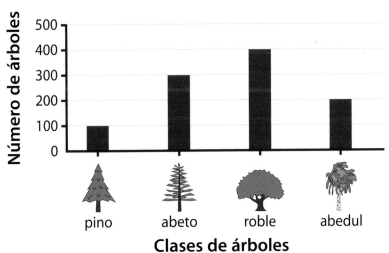

Árboles del bosque Woodsville

a. ¿Cuántos 🌲?

b. ¿Qué tipo de árboles hay en menor cantidad después de 5 años?

c. ¿Cuántos 🌳 y 🌲 hay en conjunto?

El tigre de Sumatra

El tigre de Sumatra vive en un hábitat boscoso. Este tigre está en peligro. Gran parte de su hábitat ha sido destruido. Algunos tigres ahora cazan animales de granja para alimentarse. Con frecuencia los agricultores los matan a tiros. También se les caza por su piel.

Los científicos pronostican que los tigres de Sumatra pueden extinguirse en sólo 10 años

¿Cuánto pesan los tigres de Sumatra?

Libras

300
250
200
150
100
50
0

macho   hembra

Los tigres de Sumatra

¡En peligro!

Desde 1990, más del 80% de los hábitats boscosos del tigre de Sumatra han sido destruidos. Quedan menos de 400 tigres de Sumatra en libertad.

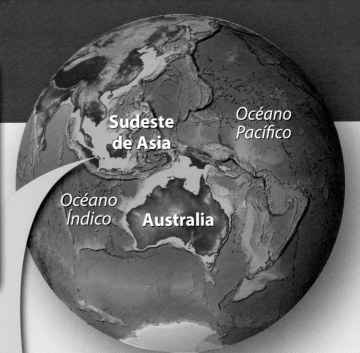

Sudeste de Asia

Océano Pacífico

Océano Índico

Australia

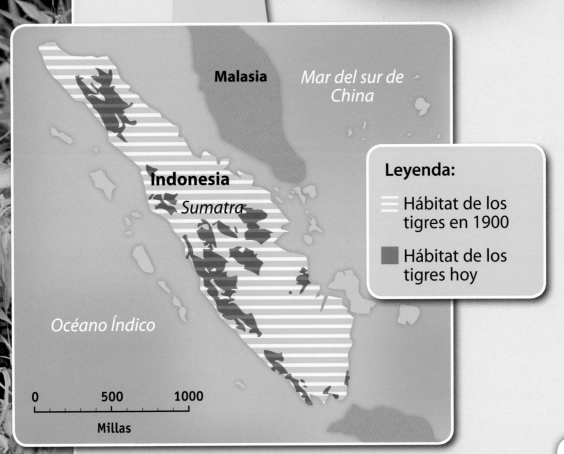

Malasia

Mar del sur de China

Indonesia

Sumatra

Océano Índico

Leyenda:

Hábitat de los tigres en 1900

Hábitat de los tigres hoy

0   500   1000

Millas

El pájaro carpintero con pico de marfil

En el sur de los Estados Unidos, se despejaron amplias áreas de bosque para dedicarlas a la agricultura. Muchos pájaros carpinteros con pico de marfil murieron. Para el 2002, se creía que se habían extinguido. Pero en el 2004 se vio uno de estos pájaros carpinteros en Arkansas. Los científicos creen que sólo quedan unos pocos.

Pronóstico de la población

Los científicos consideran que el pájaro carpintero con pico de marfil está en gran peligro.

Cálculo de la población   < 50
Tendencia de la población   decreciente

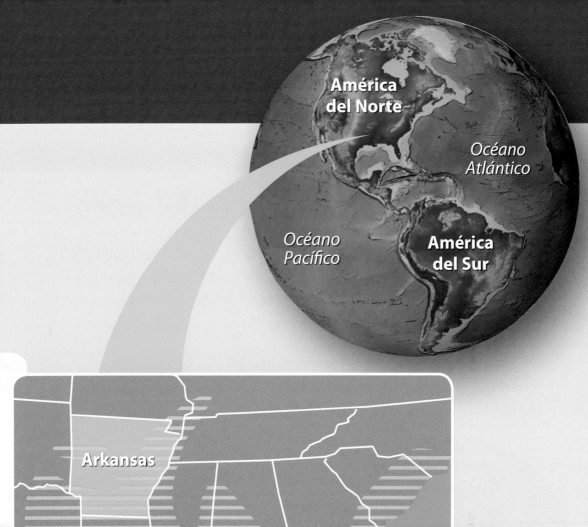

América del Norte

Océano Atlántico

Océano Pacífico

América del Sur

Arkansas

Golfo de México

0 50 100
Millas

Leyenda:

Hábitat de los pájaros carpinteros en 1835

Hábitat de los pájaros carpinteros hoy

Los hábitats de los pastizales

El rinoceronte blanco del norte

Los rinocerontes viven en las llanuras de los pastizales de África. El rinoceronte blanco del norte es el animal en mayor peligro en la Tierra. La gente caza los rinocerontes y usa sus cuernos como medicina.

Hay sólo 10 rinocerontes blancos del norte vivos en libertad. Todos viven en el Parque Nacional Garamba, en la República Democrática del Congo.

Europa

África

República Democrática del Congo

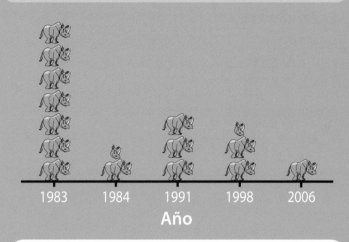

Número de rinocerontes blancos del norte en África, 1983-2006

Año

Clave:

 10 rinocerontes blancos del norte

 5 rinocerontes blancos del norte

Exploremos las matemáticas

Usa la **gráfica pictórica** para responder a las preguntas.

a. ¿Cuántos rinocerontes más había en el 1998 que en el 2006?

b. ¿En qué año aumentó el número de rinocerontes con respecto al año anterior?

El hurón de patas negras

El hurón de patas negras es uno de los mamíferos en mayor peligro en América del Norte. Los hurones perdieron su hábitat de pastizales a causa de la agricultura. También murieron por enfermedades y por falta de comida.

Durante la década de 1980, se capturaron algunos hurones de patas negras. Desde entonces, se han **criado** en **cautiverio**. Ahora se les deja en libertad en la naturaleza.

Predicción de la población

En el 2005, se calculaba que había unos 400 hurones en libertad. Se cree que en el 2010 habrá 1,500 hurones en libertad.

América del Norte

Océano Atlántico

Océano Pacífico

América del Sur

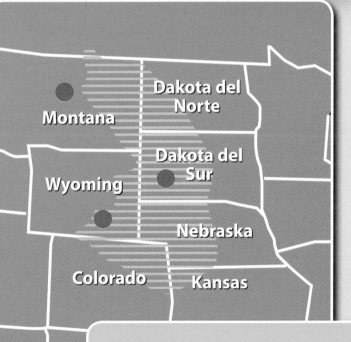

Montana

Dakota del Norte

Wyoming

Dakota del Sur

Nebraska

Colorado

Kansas

Leyenda:

Hábitat histórico de los hurones

Lugares de liberación de los hurones

Los hábitats oceánicos

La ballena franca del norte

Las ballenas francas son las más raras de las especies de ballenas. La ballena franca del norte fue cazada casi hasta su extinción durante la década de 1990.

Las ballenas francas del norte se estrellan contra los barcos y mueren. Pueden ser atrapadas en las redes de pesca. Sus fuentes de alimentos están siendo **contaminadas**.

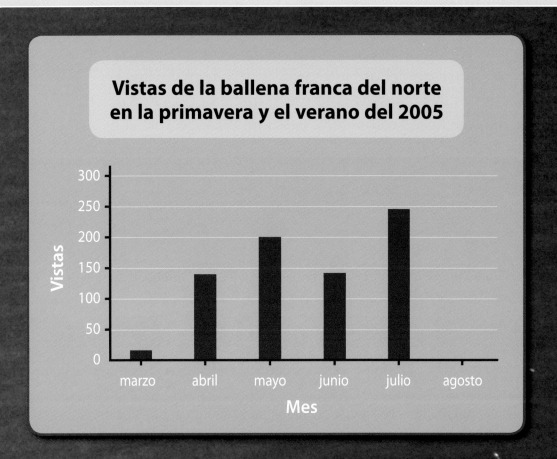

Vistas de la ballena franca del norte en la primavera y el verano del 2005

Predicción de población

Los **científicos** creen que hay cerca de 200 ballenas francas del norte viviendo en aguas del Atlántico Norte. Se recogen **datos** de las veces que se ve esta ballena.

La tortuga laúd

La tortuga laúd es la especie más grande de tortugas. Es una especie en peligro de extinción.

Las tortugas laúd se ahogan en las redes de pesca. La contaminación del océano también puede matarlas. En ocasiones, las tortugas laúd creen que una bolsa de plástico es una medusa. Se comen la bolsa de plástico y se ahogan.

tortuga laúd

Predicción de población

Los científicos creen que hay menos de 15,000 tortugas laúd en el mundo. En algunas partes del océano, están a punto de extinguirse.

¡En peligro!

Hay 7 especies de tortugas marinas. Cada una de las 7 especies está en peligro.

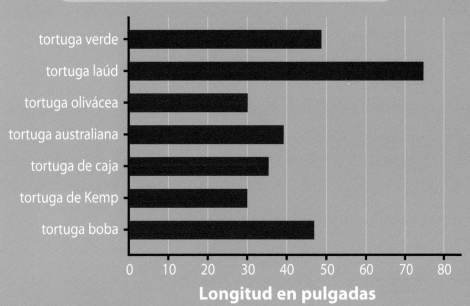

Tamaño de las tortugas marinas

Especies de tortugas marinas:
- tortuga verde
- tortuga laúd
- tortuga olivácea
- tortuga australiana
- tortuga de caja
- tortuga de Kemp
- tortuga boba

Longitud en pulgadas: 0 10 20 30 40 50 60 70 80

Exploremos las matemáticas

Usa la gráfica de barras para responder a las preguntas.

a. ¿Cuál es la tortuga marina más larga?

b. ¿Cuál es la siguiente en longitud?

c. Nombra las dos especies de tortugas marinas más pequeñas. ¿Qué largo tienen?

Los hábitats árticos

El ganso menor de pico blanco

El ganso menor de pico blanco es una de las aves en mayor peligro de extinción en Europa. Estos gansos **migran** durante el otoño. Vuelan del Ártico hacia regiones más cálidas de Europa.

Canadá

Océano
Ártico

Asia

Groenlandia

Ruta de migración

Océano
Atlántico

Rusia

Europa

¡En peligro!

La población del ganso menor de pico blanco se ha reducido por casi el 90% desde principios del siglo veinte. Los científicos creen que su población es ahora alrededor de 50,000.

Tú puedes ayudar

Muchos científicos están tratando de salvar a las especies en peligro. Hay leyes para cuidar de las plantas y de los animales. Hay leyes para detener la contaminación. Se están plantando nuevos bosques. Algunos animales en peligro son cuidados en zoológicos.

Tú también puedes ayudar. Puedes hacer lo siguiente:
- cuida las áreas naturales
- no contribuyas a la contaminación
- únete a un grupo que ayude a las especies en peligro de extinción
- **recicla**, reduce, reusa

¡También puedes hacerte escuchar! Dile a la gente que te importan las plantas y los animales de nuestro mundo.

Mantenerse al día

El Servicio de Pesca, Flora y Fauna de los Estados Unidos ofrece buenos datos actualizados de los animales amenazados en Estados Unidos y en otros países del mundo. Revisa su página electrónica para saber más.

Grupos de animales con especies en peligro en Estados Unidos, 2007

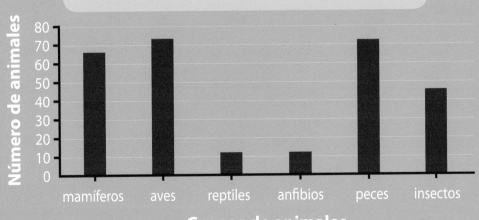

¡Encuentra al oso polar!

Los científicos de la flora y la fauna recogen datos sobre el número de osos polares que se encuentran en el área del sur del mar de Beaufort. El cuadro siguiente muestra cuántos osos estudiaron entre el 2001 y el 2006.

Osos polares en el área del sur del mar de Beaufort

Año de estudio	Número de osos polares estudiados
2001	137
2002	113
2003	170
2004	285
2005	249
2006	145

¡Resuélvelo!

a. Usa los datos de la tabla y los siguientes pasos para crear una gráfica de barras.

Paso 1: Dibuja una tabla que tenga 6 hileras y 6 columnas. Haz que cada hilera y columna tenga 1 pulgada de largo y 1 de alto.

Paso 2: Observa la tabla de datos. A lo largo de la línea del fondo, ponle nombre a cada columna con los años de estudio. Luego, debajo de los años, escribe "Años de estudio".

Paso 3: Observa nuevamente la tabla de datos. Nombra las hileras de la izquierda escribiendo 0 en el fondo, 50 en la primera línea de la hilera y 100 en la segunda hilera. Sigue contando de 50 en 50 y escribiendo números en cada hilera. Al lado de los números, escribe "Número de osos polares estudiados".

Paso 4: Observa nuevamente la tabla de datos. En el 2001, se estudiaron 137 osos. Pon una marca en la columna 2001 que es un cálculo de donde estaría 137 en la línea izquierda. Traza una línea a través de la columna. Ahora colorea la columna. Repite lo mismo para el número de osos estudiados durante otros años.

Ahora usa la información de la gráfica para responder a estas preguntas.

b. ¿En qué año se estudió el mayor número de osos?

c. ¿En qué año se estudió el menor número de osos?

d. ¿En qué año se estudiaron casi 250 osos?

e. ¿Qué otra pregunta podría formularse sobre la gráfica?

Glosario

amenazado—en peligro de extinción

cautiverio—el estado de vivir sin libertad

científicos—gente que recoge datos a través del estudio y la observación

contaminado—que se ensució

criado—producido a partir de bebé

datos—información recolectada

destruido—arruinado

en peligro—en riesgo de extinguirse

especies—un grupo de animales o plantas con características únicas

gráfica pictórica—una gráfica con figuras que representan objetos reales

hábitats—lugares o áreas donde por lo general se encuentran animales o plantas

mamíferos—animales de sangre caliente que alimentan a sus crías con leche

migrar—pasar de un lugar a otro

plancton—animales muy pequeños que son arrastrados por el agua

reciclar—volver a usar

tendencia—el movimiento general de un cambio en datos

Índice

Exploremos las matemáticas

Página 5:
a. Aves
b. Reptiles
c. Insectos

Página 7:
a. Mamíferos
b. Las respuestas variarán.

Página 11:
a. Hay 300 🌲.
b. Hay menos pinos después de 5 años.
c. 400 🌳 + 200 🌲 = 600 🌳 y 🌲 después de 5 años.

Página 17:
a. Hay 15 rinocerontes más en el 1998 que en el 2006.
b. El número de rinocerontes aumentó en 1991.

Página 23:
a. La tortuga marina más larga es la tortuga laúd.
b. Le sigue en tamaño la tortuga verde.
c. Las tortugas marinas olivácea y de Kemp son las más pequeñas. Miden 30 pulgadas de longitud.

Actividad de resolución de problema

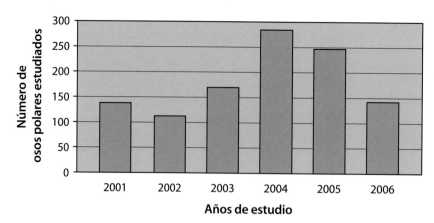

b. El número mayor de osos fue estudiado en el 2004.
c. El número menor de osos fue estudiado en el 2002.
d. Casi 250 osos fueron estudiados en el 2005.
e. Las preguntas variarán.